PRÉCIS

SUR

LES PYRAMIDIONS

EN BRONZE DORÉ,

EMPLOYÉS PAR LES ANCIENS ÉGYPTIENS COMME COURONNEMENT
DE QUELQUES-UNS DE LEURS OBÉLISQUES,

A L'APPUI DE LA PROPOSITION DE RESTITUER DE LA MÊME MANIÈRE

LE PYRAMIDION

DE L'OBÉLISQUE DE LOUQSOR,

PAR J.-J. HITTORFF,

Architecte du piédestal de l'Obélisque et des travaux d'embellissement de la place de
la Concorde, membre des académies de Berlin, de Munich, de Milan,
de l'institut des architectes britanniques et de plusieurs autres
sociétés savantes et artistiques de la France
et de l'étranger.

PARIS,
IMPRIMÉ CHEZ PAUL RENOUARD,
RUE GARANCIÈRE, N° 5, F. S.-G.

1836.

PRÉCIS
SUR
LES PYRAMIDIONS
EN BRONZE DORÉ

EMPLOYÉS PAR LES ANCIENS ÉGYPTIENS COMME COURONNEMENT
DE QUELQUES-UNS DE LEURS OBÉLISQUES,

A L'APPUI DE LA PROPOSITION DE RESTITUER DE LA MÊME MANIÈRE

LE PYRAMIDION
DE L'OBÉLISQUE DE LOUQSOR.

PAR J. J. HITTORFF,

Architecte du piédestal de l'Obélisque et des travaux d'embellissement de la place
de la Concorde, membre des académies de Berlin, de Munich, de Milan,
de l'Institut des architectes britanniques et de plusieurs autres
sociétés savantes et artistiques de la France
et de l'étranger.

PARIS.
IMPRIMÉ CHEZ PAUL RENOUARD,
RUE GARANCIÈRE, N. 5.
1836.

PRÉCIS

SUR LES PYRAMIDIONS

EN BRONZE DORÉ

EMPLOYÉS PAR LES ANCIENS ÉGYPTIENS COMME COURONNEMENT DE QUELQUES-UNS DE LEURS OBÉLISQUES.

Engagé par plusieurs savans et artistes à réunir en un précis les raisons qui m'ont fait proposer le parti de restituer le sommet de l'Obélisque de Louqsor, au moyen d'un Pyramidion en bronze doré, j'ai cru d'autant plus convenable de me livrer à ce travail, que de nombreuses discussions et controverses s'étant élevées à ce sujet, il s'agit d'éclaircir un point d'archéologie intéressant, et de répandre la connaissance de faits généralement ignorés sur l'emploi que les anciens ont fait du bronze doré pour cet objet, emploi dont il n'a été question dans aucun des nombreux écrits auxquels le monolithe a donné lieu.

En examinant avec attention le Pyramidion de l'Obélisque de Louqsor (1), on ne peut douter

(1) Voyez la planche ci-jointe.

que l'état d'imperfection dans lequel il se trouve ne soit originaire, et que jamais ce monolithe n'a été terminé par un Pyramidion complet en granit, comme le sont plusieurs Obélisques de l'Egypte et de Rome. Il y a donc ici une exception à la règle générale. En effet, au lieu d'offrir une petite pyramide dont la base serait égale au carré supérieur de l'Obélisque (1^m 50 sur 1^m 58), et la hauteur à un des côtés du carré inférieur (2^m 42 sur 2^m 44), le Pyramidion se compose :

1° Dans une hauteur d'environ 52 centimètres, d'une pyramide tronquée ayant pour base un carré de 1^m 38 sur 1^m 45, lequel laisse au pourtour un rebord aplani de 5 à 6 centimètres de large.

2° Dans le surplus de sa hauteur, d'une petite pyramide, haute d'environ 1 mètre, élevée sur le carré supérieur de la pyramide tronquée et ayant une autre inclinaison; celle-ci est en partie inachevée, la pointe en est irrégulièrement arrondie, et sur deux de ses arêtes vers le haut, il existe des entailles qui, malgré une espèce d'irrégularité dans leur emplacement et dans leur grandeur, paraissent néanmoins avoir été faites primitivement et pour une destination spéciale.

Le Pyramidion de l'Obélisque de Louqsor n'a donc ni la largeur, ni la hauteur, ni la forme des Pyramidions ordinaires en granit; il n'est pas achevé sur toutes ses faces et, ce qui est surtout remarquable, c'est qu'il laisse sur les quatre côtés des arêtes supérieures du monolithe une superficie unie et en retraite, qui offre la possibilité de servir de point d'appui à un Pyramidion fait d'une matière solide, qui en certains endroits, pouvait avoir à peine un centimètre d'épaisseur (1), et dont la superposition permettait de compléter le sommet de l'Obélisque sans avoir besoin de diminuer la longueur du bloc dans lequel il avait été taillé.

Ainsi, de deux choses l'une : ou le Pyramidion de l'Obélisque de Louqsor a été depuis son origine exposé aux yeux des Egyptiens, tel que nous le voyons, ce qui est peu probable à cause de son état fruste et de sa masse irrégulière, et ensuite par la raison qu'il faisait pendant à un autre Obélisque déjà plus grand, dont le Pyramidion en granit est beaucoup plus élevé et paraît avoir les proportions généralement admises (2); ou bien on a substitué au granit manquant une autre matière

---

(1) Voyez la planche ci-jointe, lettre E.

(2) Les gravures qu'on a de cet Obélisque, et qui suffisent pour faire juger de la différence des dimensions de son Pyramidion avec celui de notre monolithe, laissent toutefois des doutes sur la question de savoir si les faces en granit de ce Pyramidion devaient rester apparentes, tandis que celles de son pendant étaient en bronze. L'absence des hiéroglyphes sur ces mêmes faces, dont les Pyramidions en granit apparent sont ordinairement couverts, et surtout l'exemple des deux Obélisques d'Héliopolis dont nous allons parler, sont des faits qui présentent de

qui a permis de compléter l'Obélisque, tout en laissant le Pyramidion dans l'état où il nous est parvenu et sans ôter au monument, en le diminuant de longueur, une partie de son importance comme monolithe.

L'Obélisque de Louqsor, par sa nouvelle destination et l'emplacement qu'il occupe ne pouvait pas plus à Paris qu'à Thèbes rester dans son état d'imperfection, et la restitution de son Pyramidion ayant été regardée comme indispensable, il ne s'agissait plus que de chercher à la faire coïncider le plus possible avec la restitution qui y avait été adaptée dans l'origine. Pour cela il fallait avant tout laisser subsister ce qui existait et n'ajouter que ce qu'il avait été matériellement possible d'y ajouter dans le principe. D'après cette donnée, la seule compatible avec toute restitution rationnelle, le bronze offrait par sa nature et par les exemples constatés d'un emploi analogue dans d'autres monumens égyptiens, la matière la plus convenable et celle qui présentait le plus de certitude comme application primitive au même objet. Le choix de cette matière dut paraître d'autant moins hasardé, que des personnes de l'équipage

---

fortes probabilités pour admettre que les Obélisques de Louqsor étaient couronnés tous deux d'enveloppes en bronze doré. Il serait à desirer que des recherches spéciales vinssent éclaicir ce point.

du Luxor, à ma première visite sur ce bâtiment, me dirent avoir vu dans l'intérieur du palais, audevant duquel le monolithe était élevé, la représentation figurée d'un Obélisque avec un Pyramidion peint en jaune. Ce renseignement, en confirmant l'idée que l'inspection du Pyramidion m'avait suggérée, transforma la probabilité de ma conjecture en une certitude.

Cependant la proposition fut combattue. L'objection dominante qu'on fit était un doute très prononcé ou pour mieux dire une négation absolue sur l'emploi primitif du Pyramidion en bronze doré, parce que, disait-on, il n'en existait pas d'exemple; de plus, on semblait craindre que le mirage du soleil sur les surfaces brillantes de l'or ne permît pas d'en apprécier nettement la forme; toute autre matière qui ne serait pas identique d'aspect avec le granit, devant ôter à la proportion de l'Obélisque une partie de sa beauté, il n'y avait qu'un Pyramidion en granit qui pût remplir l'objet. Aussi ce fut principalement l'impossibilité de superposer un bloc semblable sur l'Obélisque sans détruire en entier ou du moins en grande partie le Pyramidion que les Egyptiens avaient voulu conserver, qui fit adopter le Pyramidion en bronze, mais sans l'accessoire de la dorure que j'avais demandé par un motif péremptoire.

Il était à craindre, en effet, que l'oxide de cuivre, qui pouvait se former sur les plans inclinés du Pyramidion, ne se répandît sur l'Obélisque et n'occasionât sur ses faces, si intéressantes par leurs hiéroglyphes, des taches vertes qui altéreraient le ton du granit et feraient disparaître les contours précieux des sculptures, que l'oxide finirait par attaquer tôt ou tard. Sous ce point de vue seul, la demande de la dorure me semblait suffisamment fondée, surtout lorsque d'autres considérations venaient encore à l'appui : ces considérations étaient que l'Obélisque de Louqsor élevé non pas dans un musée d'antiquités, mais au centre de la place de la Concorde, y figure non-seulement comme un monument des plus intéressans par son ancienneté, mais encore comme un objet d'embellissement qui doit participer à la décoration de ce magnifique emplacement. Pour atteindre ce double but, il ne doit pas y être employé comme un objet de curiosité dans son état de mutilation, quelque précieux qu'il puisse être, mais bien comme un monument complet ou complété et en harmonie avec ce qui l'entoure.

L'Obélisque, surmonté d'un Pyramidion en bronze doré, aurait offert cette harmonie avec les vingt colonnes rostrales qui doivent l'accompagner. Au milieu de ces dernières, dont les boules et les chapiteaux seront enrichis de dorure, le

Pyramidion aurait fait briller au loin l'éclat de ses surfaces ; entièrement d'accord avec l'ensemble de la décoration, le monolithe de Louqsor en aurait été l'objet principal, aussi bien par son aspect de magnificence que par sa masse imposante.

Quant à la question de savoir si un Pyramidion d'une couleur autre que celle du granit peut nuire à la proportion et à la beauté conventionnelle de l'Obélisque, elle a été résolue négativement par les Egyptiens, comme elle l'a été dans toute l'antiquité et chez les modernes, qui n'ont jamais hésité à employer des fûts de colonnes en marbre de couleur avec des chapiteaux et des bases de marbre d'une autre couleur ou de bronze doré, sans qu'on ait pensé que ces différences de tons pussent altérer les proportions d'un ordre d'architecture, bien plus connues et bien plus arrêtées que celles des Obélisques. D'ailleurs, le mirage qu'on semble craindre, et dont la crainte ne serait fondée qu'en supposant qu'il aurait lieu continuellement sur les quatre faces du Pyramidion, ne pouvant durer chaque jour que pendant quelques minutes, puisque le soleil ne peut, le reste du temps, frapper qu'une ou tout au plus deux faces à-la-fois, cet inconvénient, très douteux, serait bien compensé par les effets variés et pittoresques du jeu de la lumière sur la dorure qui en aurait rendu l'aspect plus riche et plus agréable.

Du reste, en étudiant le caractère général de l'architecture égyptienne, dans laquelle la polychromie ou l'emploi des couleurs prédomine dans son extension aux temples et aux palais aussi bien qu'aux Obélisques (1), on voit qu'il n'y a rien de contraire à ce caractère dans l'opinion que les Egyptiens purent, dans de certains cas, avoir doré l'espèce de toit pyramidal qui couvre le sommet des Obélisques. Un peuple qui dorait la figure humaine sculptée sur les caisses des momies ; qui couronnait ses monumens, comme le tombeau d'Osymandias, d'un cercle d'or, aurait-il reculé devant l'idée d'en faire autant pour un genre de monument que toute l'antiquité, d'accord avec les recherches modernes, nous apprend avoir été consacré au soleil ? Cela n'est pas vraisemblable, et d'autant moins que le nom du monument exprimait en langue égyptienne, d'après Pline, un des rayons de cet astre, et que le jaune et, à plus forte rai-

---

(1) Norden (tom. I, p. 172 ; édit. de Paris, 1795), en parlant des Obélisques de Karnac, dit : « Ils ont été entièrement remplis d'hiéroglyphes *enluminés* et ornés par compartimens de différentes figures qui font un très bon effet. » M. Nestor L'Hôte, qui accompagna Champollion le jeune en Egypte, dit également, dans son intéressante notice historique sur les Obélisques égyptiens, page 6, qu'il est fondé à penser que les hiéroglyphes des Obélisques étaient peints de différentes couleurs.

son, la dorure, furent toujours et partout les couleurs emblématiques de cette divinité.

S'il m'est permis d'admettre que les raisons que
je viens de déduire et qui m'ont guidé dans mes
recherches, suffisent pour faire partager mon opinion par les artistes et les savans, libres de pré-
jugés, je me croirai encore plus sûr de leur assen-
timent, lorsque j'aurai ajouté, aux probabilités
peu contestables déjà établies, des témoignages
historiques et indubitables sur l'emploi que firent
les Égyptiens de Pyramidions en bronze doré,
pour surmonter des Obélisques de granit.

Voici ce que contient à ce sujet une note de
M. Langlès dans sa traduction de Norden (liv. III,
page 315): « Puisqu'il s'agit d'Obélisques, on me
permettra de consigner ici un fait relatif à ceux
d'Héliopolis: celui que l'on voit aujourd'hui étendu
sur le sable fut renversé le 14 de ramadhân 656
(15 septembre 1258). On trouva sous cet Obélisque plus de 200 qanthârs d'airain, et l'on tira de
son sommet plus de 10,000 dynârs. Le sommet
des Obélisques, si l'on en croit les Arabes, était
surmonté d'une espèce de capuchon d'airain. Le
fait est tiré d'un ouvrage historique d'Al-Maqryzy,
n° 672 des manuscrits arabes de la bibliothèque
nationale. »

Le passage de Maqryzy, auquel M. Langlès fait
allusion, est cité et traduit par M. Sylvestre de

Sacy : *Observations sur l'origine des noms donnés par les Grecs aux Pyramides d'Egypte, et sur quelques autres objets relatifs aux antiquités égyptiennes* (Mag. Encyclop. vi⁰ année, vi⁰ vol. p. 419) : « La description des Obélisques d'Héliopolis recevra quelque jour des passages suivans de Maqryzy, par lesquels je finirai. »

« Le 4 de ramadhân 656, il tomba un des deux
« Obélisques de Pharaon, qui étaient à Mataria,
« lieu aux environs du Caire : on y trouva environ
« 200 quintaux de cuivre, et on tira du chapiteau
« une valeur de 10,000 dynârs. Kodhaï dit : Aïn-
« schems (Héliopolis) est le temple (la ville) du so-
« leil. Il y a en ce lieu deux colonnes (1). On ne
« peut rien voir de plus merveilleux que ces co-
« lonnes et leurs particularités : *sur le sommet de*
« *ces colonnes sont deux bonnets pointus en cui-*
« *vre*. Quand le Nil commence à déborder, il
« coule de l'eau de leur sommet.

« Les deux colonnes qu'on voit à Aïn-schems
« (dit Ebn-Djardawia) sont un reste de celles qui y
« étaient autrefois : au haut de chacune est *un en-*
« *tourage de cuivre*. Des deux il distille de l'eau
« de dessous l'entourage ; elle descend environ jus-

---

(1) C'est-à-dire deux Obélisques ; car les mots : *colonne écrite*, paraissent avoir été, d'après l'opinion générale des savans, les termes dont on se servait dans la langue égyptienne pour exprimer l'idée des Obélisques.

« qu'à la moitié de la colonne..... Cet endroit de la
« colonne est vert et humide.

« Mohamed, fils d'Abdarrahim, dit dans l'ou-
« vrage intitulé *Tohfat Allabab*, que cet Obélis-
« que est carré, d'une seule pièce, pointu par le
« haut et élevé sur une base de pierre ; *que sur le*
« *faîte est un couvercle de cuivre jaune comme de*
« *l'or*, au-dessus duquel est la figure d'un homme
« assis sur son siège, regardant le levant ; que de
« dessous ce couvercle il sort de l'eau qui coule
« dans une longueur d'environ dix coudées, et
« fait végéter une sorte de mousse d'eau..... On
« voit toujours, dit-il, le brillant de l'eau sur cette
« verdure..... »

D'après ces citations tirées d'un célèbre écrivain arabe qui vécut du xiv° au xv° siècle, que M. Sylvestre de Sacy appelle le Varron de l'Égypte musulmane, et qui a puisé ces renseignemens dans trois auteurs qui ont vu ce qu'ils décrivent, il est impossible de douter de l'existence originaire de Pyramidions en bronze doré. L'histoire vient donc à l'appui du raisonnement et des déductions les plus naturelles. Ainsi, couvrir l'Obélisque de Louqsor de la même manière, c'est le restaurer, le restituer avec toute la certitude possible de lui rendre son aspect primitif.

A la vérité, le mot de *Pyramidions dorés* n'est pas prononcé dans les textes que cite Maqyrzy ;

mais celui de Mohamed qui dit que le cuivre en était *jaune comme de l'or*, ne peut laisser subsister aucune incertitude sur l'application de la dorure. Ce fait, déjà confirmé par celui du Pyramidion peint en jaune trouvé à Louqsor, l'est encore par la particularité que l'eau verte qui coulait le long des Obélisques d'Héliopolis, sortait de dessous les entourages ou couvercles en cuivre ; ce qui autorise à présumer qu'il y existait quelques ouvertures, probablement accidentelles, par où l'évaporation des eaux du Nil pénétrait pour se réunir en gouttes et s'écouler ensuite. S'il en avait été autrement, les surfaces extérieures se seraient oxidées elles-mêmes et seraient devenues vertes. Pour paraître jaunes comme de l'or, il fallait nécessairement qu'elles fussent dorées. Ce n'est donc, encore une fois, que surmonté d'un Pyramidion doré, que le monolithe s'offrirait à l'admiration des habitans de Paris tel que l'admirèrent, il y a près de 4,000 ans, les habitans de Thèbes.

Depuis que le précis qu'on vient de lire est composé, il a été décidé que le Pyramidion de l'Obélisque de Louqsor serait restitué en mastic. Cette restitution, dont les pluies et les gelées feront sans doute prompte justice, offre par cela peu d'inconvéniens, puisque, sauf les frais d'un nouvel échafaudage, on pourra toujours en revenir au bronze doré.

PYRAMIDION DE L'OBÉLISQUE DE LOUQSOOR.

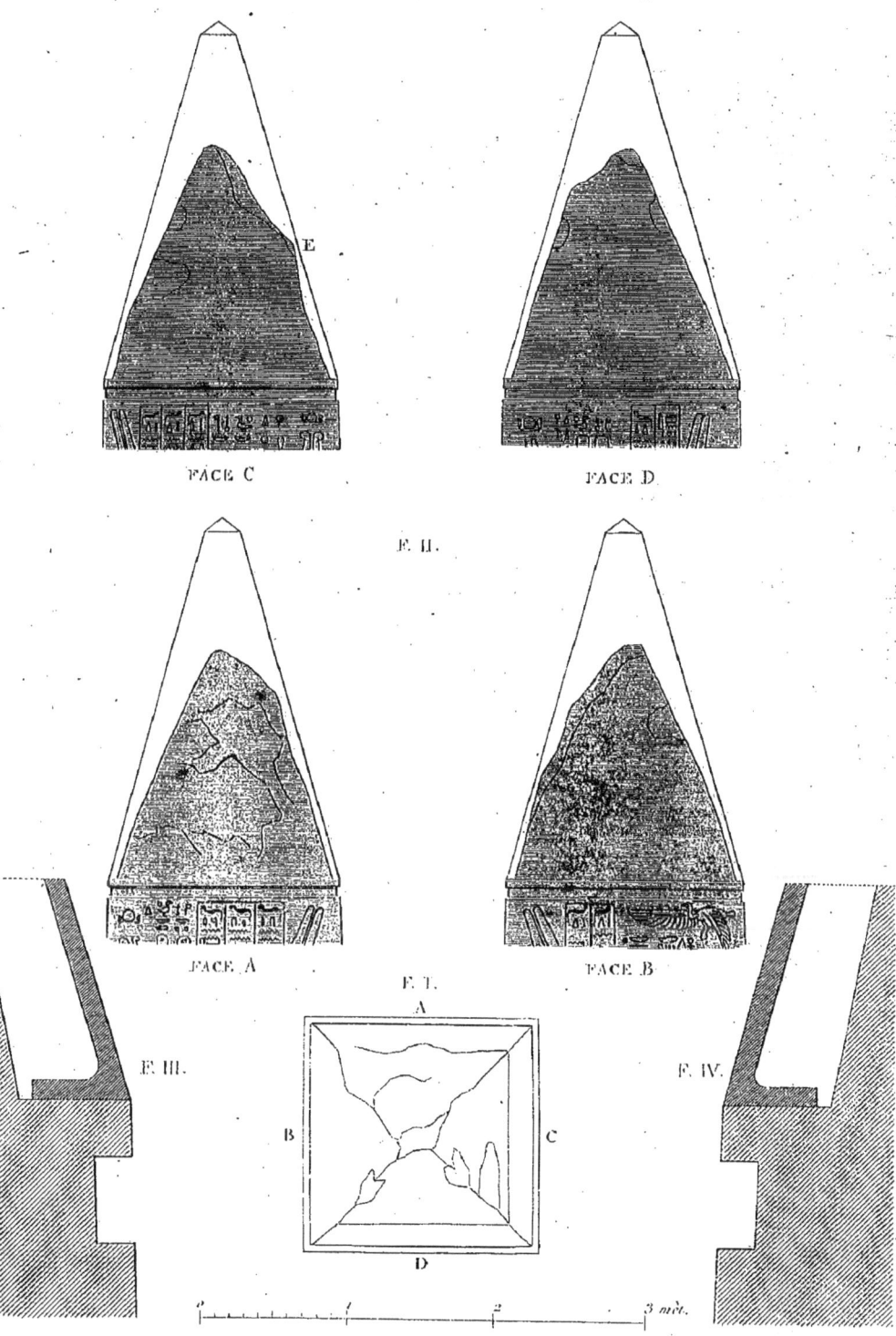

F. I. *Projection verticale du Pyramidion.* F. II. *Élévations du Pyramidion sur ses quatre faces.*
F. III *et* IV. *Coupes au quart de nature, prises au sommet de l'Obélisque, faisant voir le rebord en retraite disposé pour recevoir l'enveloppe en Bronze doré.*

www.ingramcontent.com/pod-product-compliance
Lightning Source LLC
Chambersburg PA
CBHW071435060426
42450CB00009BA/2184